Impressum
Verlag: BABADADA GmbH, Nedderfeld 112 , 22529 Hamburg
Geschäftsführer / Verlagsleitung: Harald Hof
Druck: Books on Demand GmbH, In de Tarpen 42, 22848 Norderstedt

Imprint
Publisher: BABADADA GmbH, Nedderfeld 112 , 22529 Hamburg, Germany
Managing Director / Publishing direction: Harald Hof
Print: Books on Demand GmbH, In de Tarpen 42, 22848 Norderstedt

школа

école

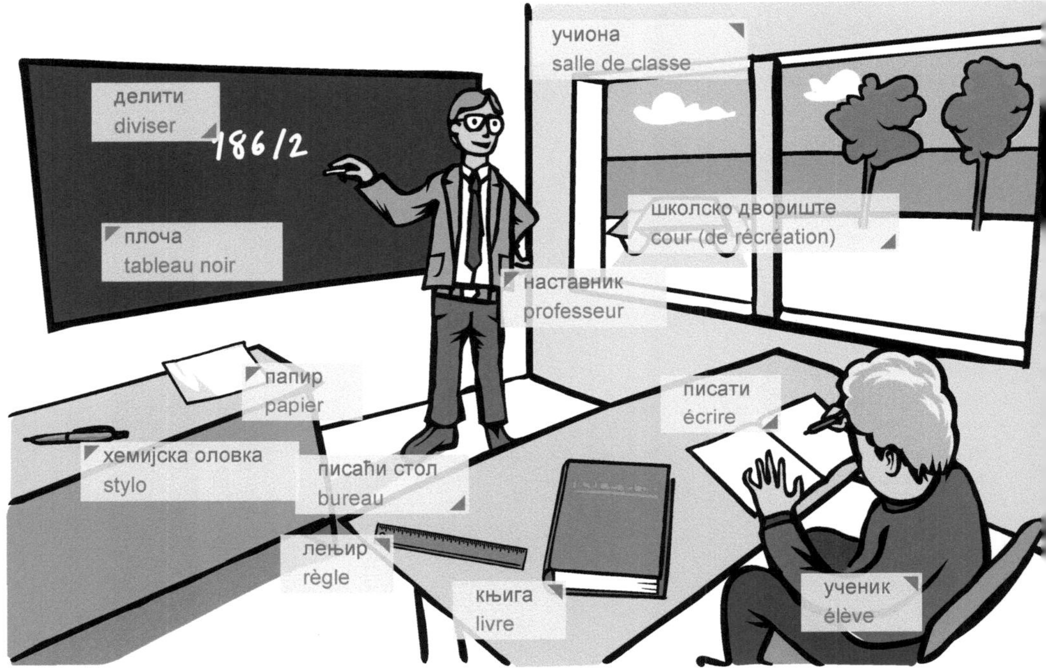

учиона
salle de classe
делити
diviser
186/2
плоча
tableau noir
школско двориште
cour (de récréation)
наставник
professeur
папир
papier
писати
écrire
хемијска оловка
stylo
писаћи стол
bureau
лењир
règle
књига
livre
ученик
élève

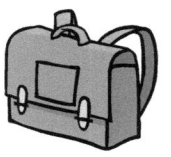

торба
cartable

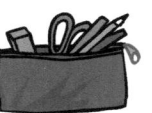

перница
trousse

графитна оловка
crayon

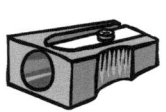

шиљило за оловке
taille-crayon

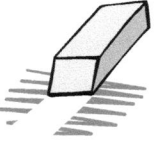

гумица за брисање
gomme

блок за цртање
carnet à dessin

цртеж
dessin

кист
pinceau

кутија са бојама
boîte de peinture

маказе
ciseaux

лепило
colle

бележница
cahier d'exercices

домаћи задатак
devoirs

број
chiffre

сабирати
additionner

одузимати
soustraire

множити
multiplier

рачунати
calculer

слово
lettre

абецеда
alphabet

реч
mot

текст
texte

читати
lire

креда
craie

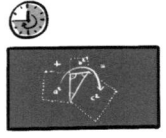

час
leçon

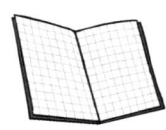

дневник
livre de classe

испит
examen

сведочанство
certificat

школска униформа
uniforme scolaire

образовање
formation

лексикон
lexique

универзитет
université

микроскоп
microscope

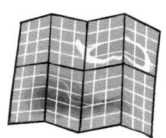

карта
carte

кошара за папир
corbeille à papier

путовање
voyage

хотел
hôtel
Grand
преноћиште
auberge
ROOMS
мењачница
bureau de change
EXCHANGE
кофер
valise
ауто
voiture

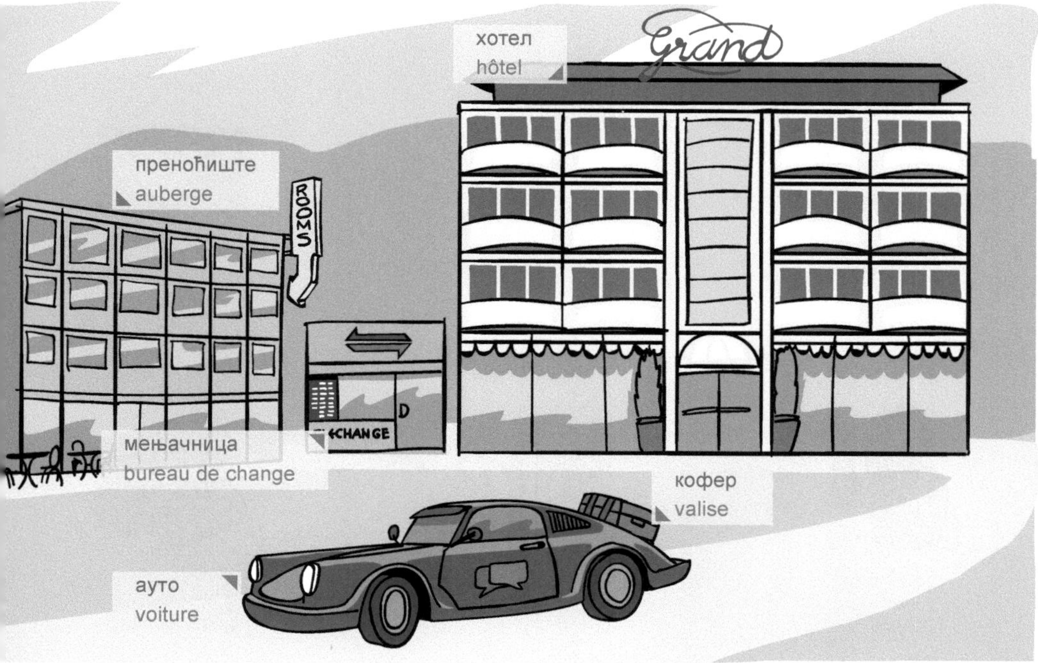

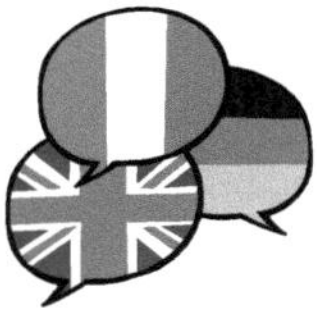

језик

langue

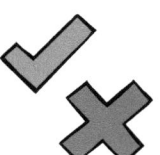

да / не

oui / non

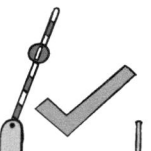

океј

d'accord

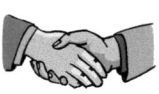

здраво

Salut

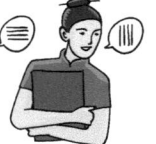

преводилац

interprète

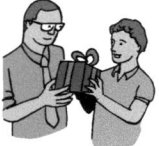

хвала

merci

Колико кошта...?

Combien coûte...?

не разумем

Je ne comprends pas

проблем

problème

добро вече!

Bonsoir !

Добро јутро!

Bonjour !

Лаку ноћ!

Bonne nuit !

довиђења

Au revoir

смер

direction

пртљага

bagages

торба

sac

руксак

sac-à-dos

гост

hôte

соба

pièce

врећа за спавање

sac de couchage

шатор

tente

ристичке информације

office de tourisme

плажа

plage

кредитна картица

carte de crédit

доручак

petit-déjeuner

ручак

déjeuner

вечера

dîner

карта за вожњу

billet

лифт

ascenseur

поштанска маркица

timbre

граница

frontière

царина

douane

амбасада

ambassade

виза

visa

пасош

passeport

транспорт
transport

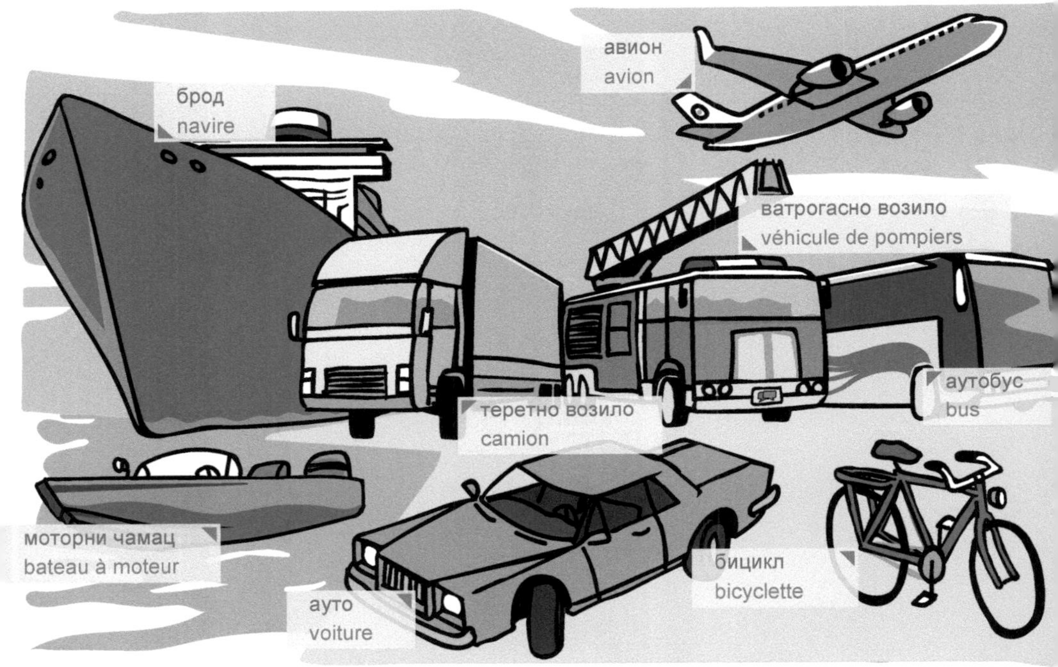

авион
avion

брод
navire

ватрогасно возило
véhicule de pompiers

аутобус
bus

теретно возило
camion

моторни чамац
bateau à moteur

ауто
voiture

бицикл
bicyclette

трајект

ferry

чамац

barque

мотоцикл

moto

полицијски ауто

voiture de police

тркаћи ауто

voiture de course

изнајмљено ауто

voiture de location

делење аутомобила

auto-partage

вучно возило

voiture de remorquage

возило за одвоз смећа

benne à ordures

мотор

moteur

бензин

essence

бензинска станица

station d'essence

саобраћајни знак

panneau indicateur

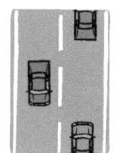

саобраћај

trafic

застој

embouteillage

паркиралиште

parking

железничка станица

gare

шине

rails

воз

train

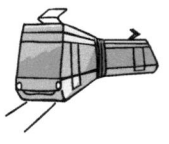

трамвај

tramway

вагон

wagon

хеликоптер

hélicoptère

аеродром

aéroport

кула

tour

путник

passager

контејнер

conteneur

картон

carton

колица

chariot

корпа

corbeille

узлетети / слетети

décoller / atterrir

град

ville

село

village

центар града

centre-ville

кућа

maison

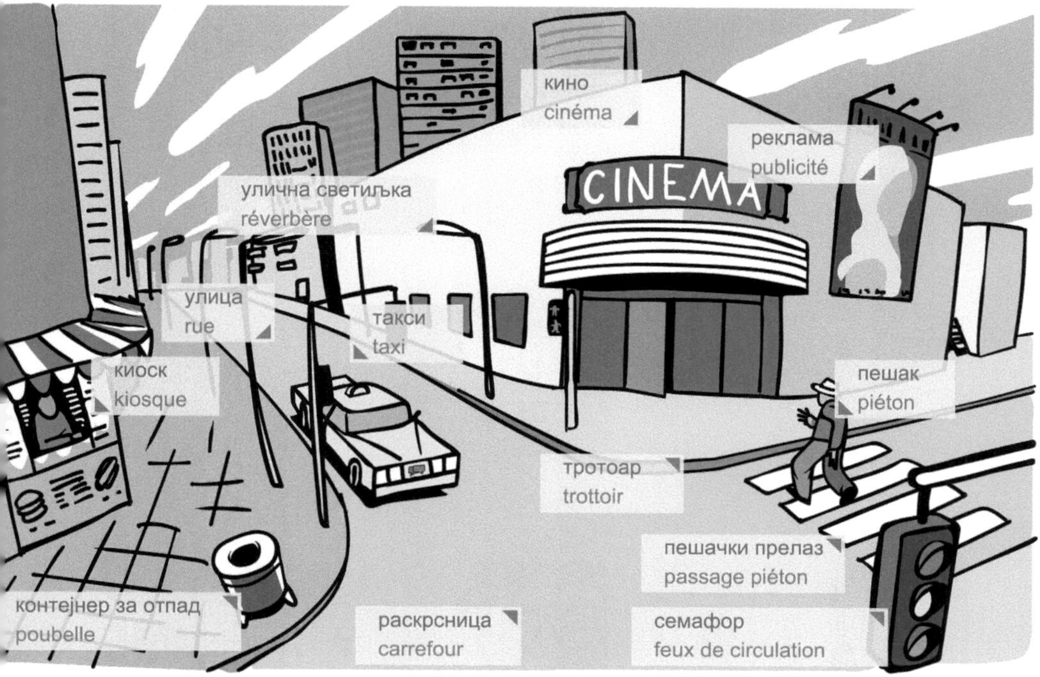

кино
cinéma

реклама
publicité

улична светиљка
réverbère

CINEMA

улица
rue

такси
taxi

киоск
kiosque

пешак
piéton

тротоар
trottoir

пешачки прелаз
passage piéton

контејнер за отпад
poubelle

раскрсница
carrefour

семафор
feux de circulation

колиба

cabane

стан

appartement

железничка станица

gare

већница

mairie

музеј

musée

школа

école

универзитет

université

банка

banque

болница

hôpital

хотел

hôtel

апотека

pharmacie

канцеларија

bureau

књижара

librairie

продавница

magasin

цвећара

fleuriste

супермаркет

supermarché

трг

marché

робна кућа

grand magasin

рибарница

poissonnerie

трговачки центар

centre commercial

лука

port

град - ville

парк
parc

клупа
banque

мост
pont

степенице
escaliers

подземна железница
métro

тунел
tunnel

аутобуска станица
arrêt de bus

бар
bar

ресторан
restaurant

поштанско сандуче
boîte à lettres

улични знак
panneau indicateur

паркирни аутомат
parcmètre

зоолошки врт
zoo

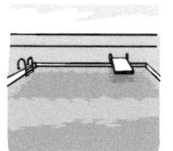

базен
piscine

џамија
mosquée

сеоско газдинство

ferme

загађење околине

pollution

гробље

cimetière

црква

église

игралиште

aire de jeux

храм

temple

пејсаж

paysage

лист
feuille

путоказ
panneau indicateur

пут
chemin

ливада
pré

камен
pierre

дрво
arbre

шетач
randonneur

река
rivière

трава
herbe

цвет
fleur

долина

vallée

планина

montagne

језеро

lac

шума

forêt

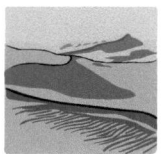

пустиња

désert

вулкан

volcan

дворац

château

дуга

arc-en-ciel

гљива

champignon

палма

palmier

москито

moustique

мува

mouche

мрав

fourmis

пчела

abeille

паук

araignée

буба

coléoptère

жаба

grenouille

веверица

écureuil

јеж

hérisson

зец

lièvre

сова

chouette

птица

oiseau

лабуд

cygne

дивља свиња

sanglier

јелен

cerf

лос

élan

насип

barrage

ветрењача

éolienne

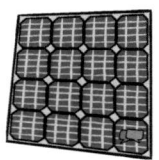

соларна плоча

panneau solaire

клима

climat

ресторан
restaurant

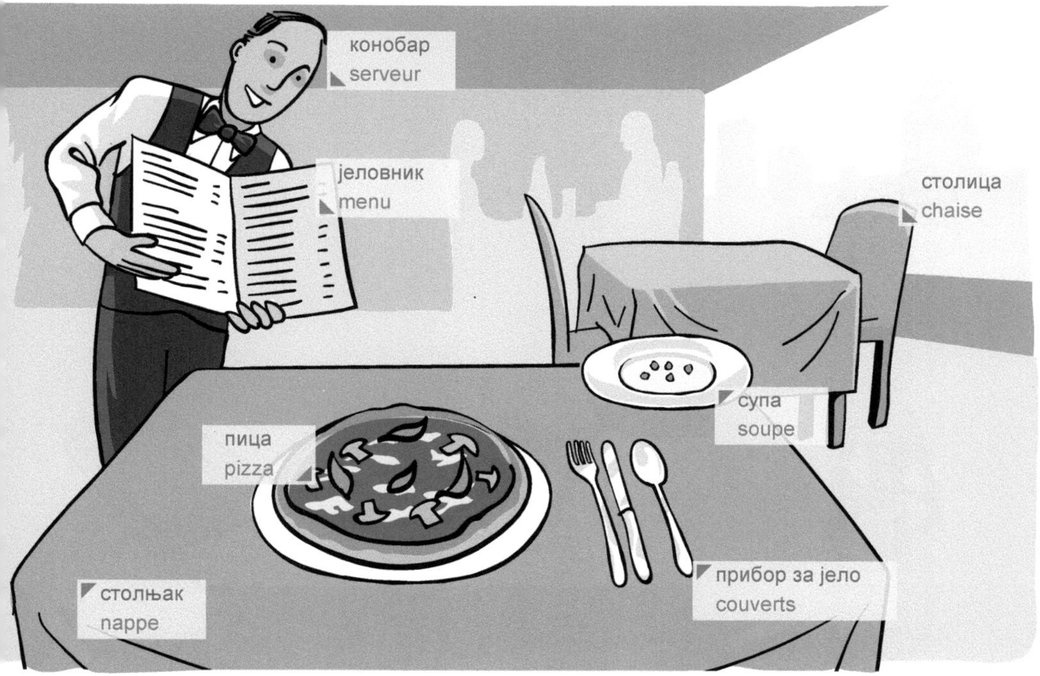

конобар
serveur
јеловник
menu
столица
chaise
супа
soupe
пица
pizza
прибор за јело
couverts
столњак
nappe

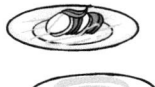

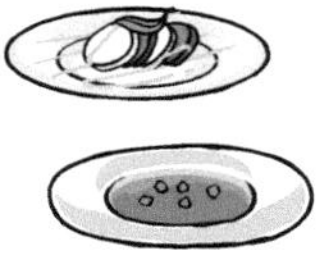

предјело

hors d'œuvre

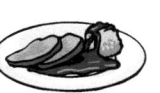

главно јело

plat principal

десерт

dessert

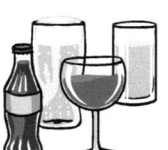

напитци

boissons

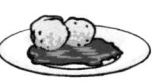

јело

alimentation

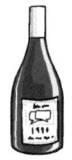

флаша

bouteille

брза храна

fast-food

имбис храна

plats à emporter

чајник

théière

доза за шећер

sucrier

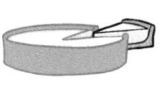

порција

portion

апарат за еспресо

machine à expresso

висока столица

chaise haute

рачун

facture

послужавник

plateau

нож

couteau

виљушка

fourchette

кашика

cuillère

чајна кашика

cuillère à thé

салвета

serviette

чаша

verre

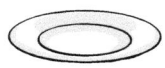

тањир

assiette

тањир за супу

assiette à soupe

тањирић

soucoupe

сос

sauce

сољенка

salière

млин за бибер

moulin à poivre

сирће

vinaigre

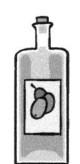

уље

huile

зачини

épices

кечап

ketchup

сенф

moutarde

мајонеза

mayonnaise

супермаркет
supermarché

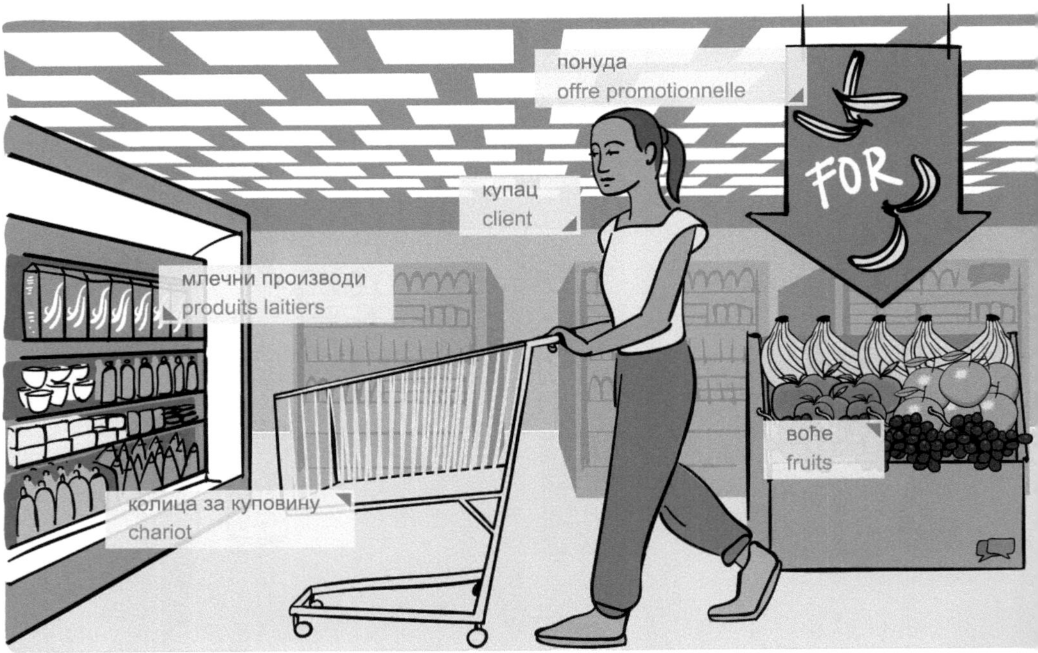

понуда
offre promotionnelle
FOR
купац
client
млечни производи
produits laitiers
воће
fruits
колица за куповину
chariot

BUTCHERS

месница

boucherie

BAKERY

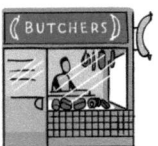

пекара

boulangerie

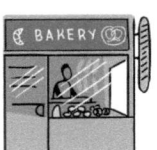

вагати

peser

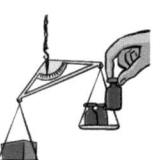

поврће

légumes

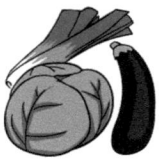

месо

viande

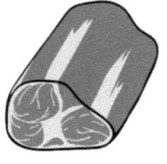

смрзнута храна

aliments surgelés

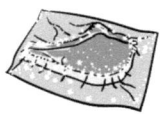

нарезак

charcuterie

конзерве

conserves

средство за прање

poudre à lessive

слаткиши

bonbons

артикли за домаћинство

articles ménagers

средства за чишћење

détergents

продавачица

vendeuse

благајна

caisse

благајник

caissier

листа за куповину

liste d'achats

време рада

heures d'ouverture

новчаник

portefeuille

кредитна картица

carte de crédit

торба

sac

пластична кеса

sac en plastique

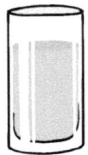

вода

eau

сок

jus de fruit

млеко

lait

кола

coca

вино

vin

пиво

bière

алкохол

alcool

какао

chocolat chaud

чај

thé

кава

café

еспресо

expresso

капучино

cappuccino

банана

banane

јабука

pomme

наранџа

orange

лубеница

melon

лимун

citron

шаргарепа

carotte

бели лук

ail

бамбус

bambou

лук

oignon

гљива

champignon

орашасти плодови

noisettes

резанци

pâtes

шпагете

spaghetti

рижа

riz

салата

salade

помфрит

pommes frites

печени крумпир

pommes de terre rôties

пица

pizza

хамбургер

hamburger

сендвич

sandwich

шницла

escalope

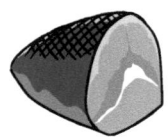

шунка

jambon

салама

salami

кобасица

saucisse

кокош

poulet

печење

rôti

риба

poisson

зобене пахуљице

flocons d'avoine

мусли

muesli

кукурузне пахуљице

cornflakes

брашно

farine

кроасан

croissant

пециво

petits-pains

хлеб

pain

тоаст

pain grillé

кекси

biscuits

маслац

beurre

свежи сир

le fromage blanc

колач

gâteau

jaje

œuf

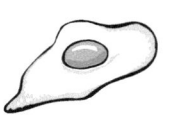

jaje на око

œuf au plat

сир

fromage

сладолед

glace

шећер

sucre

мед

miel

мармелада

confiture

нугат крема

crème nougat

кари

curry

сеоско газдинство
ferme

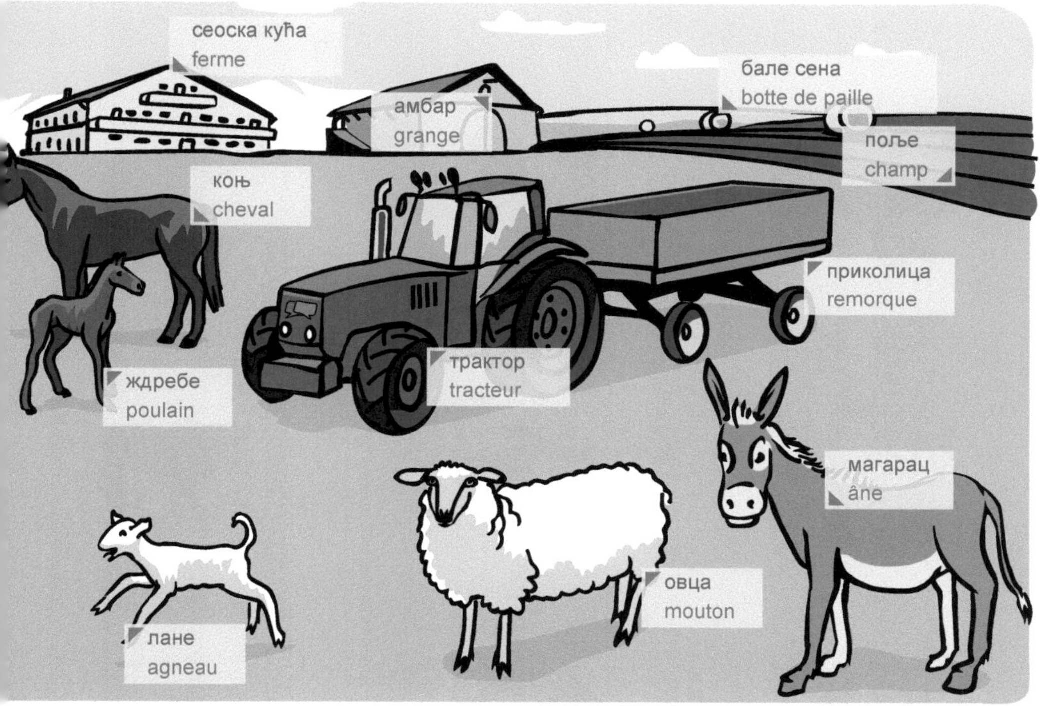

сеоска кућа
ferme
амбар
grange
бале сена
botte de paille
поље
champ
коњ
cheval
приколица
remorque
ждребе
poulain
трактор
tracteur
магарац
âne
овца
mouton
лане
agneau

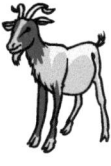

коза
chèvre

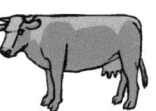

крава
vache

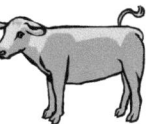

теле
veau

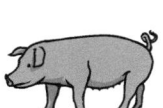

свиња
porc

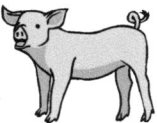

прасе
porcelet

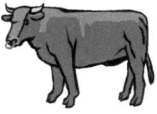

бик
taureau

гуска

oie

патка

canard

пилићи

poussin

кокош

poule

петао

coq

пацов

rat

мачка

chat

миш

souris

вол

bœuf

пас

chien

кућица за пса

chenil

вртно црево

tuyau de jardin

канта за поливање

arrosoir

коса

faucheuse

плуг

charrue

срп

faucille

мотика

pioche

виљушка за ђубриво

fourche

секира

hache

тачке

brouette

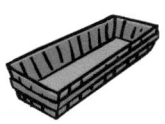

корито

cuve

посуда за млеко

pot à lait

вреће

sac

ограда

clôture

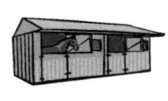

штала

étable

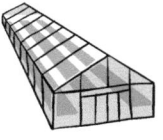

стакленик

serre

земља

sol

семе

semences

ђубриво

engrais

комбајн

moissonneuse-batteuse

жети
récolter

жетва
récolte

јамс зачин
igname

пшеница
blé

соја
soja

крумпир
pomme de terre

кукуруз
maïs

уљана репица
colza

воћка
arbre fruitier

гомољ маниоке
manioc

житарице
céréales

кућа
maison

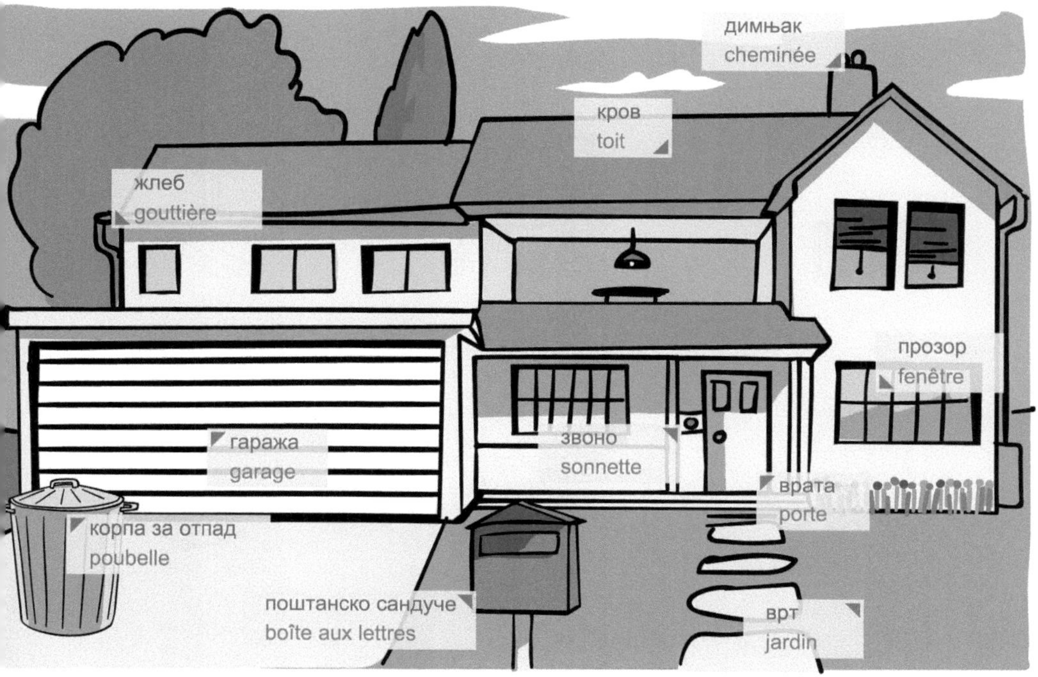

димњак
cheminée
кров
toit
жлеб
gouttière
прозор
fenêtre
гаража
garage
звоно
sonnette
врата
porte
корпа за отпад
poubelle
поштанско сандуче
boîte aux lettres
врт
jardin

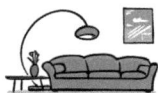

дневна соба

salon

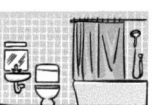

купаоница

salle de bain

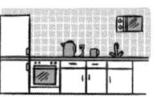

кухиња

cuisine

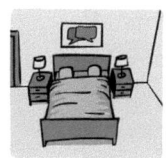

спаваћа соба

chambre à coucher

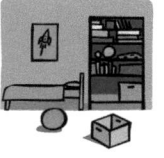

дечија соба

chambre d'enfant

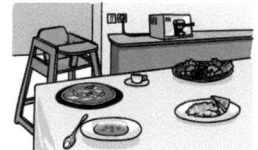

трпезарија

salle à manger

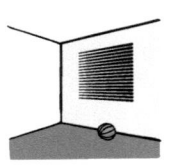

под
....
sol

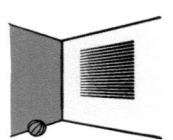

зид
....
mur

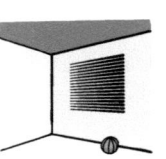

строп
....
plafond

подрум
....
cave

сауна
....
sauna

балкон
....
balcon

тераса
....
terrasse

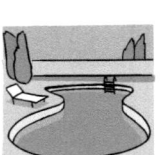

базен
....
piscine

косилица за траву
....
tondeuse à gazon

постељина за кревет
....
housse

дека за кревет
....
couette

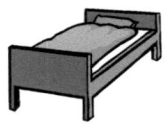

кревет
....
lit

метла
....
balai

канта
....
sceau

прекидач
....
interrupteur

дневна соба

salon

тапета
papier peint
слика
image
светиљка
lampe
регал
étagère
ормар
armoire
телевизија
télé
камин
cheminée
цвет
fleur
јастук
coussin
кауч
sofa
ваза
vase
даљински управљач
télécommande

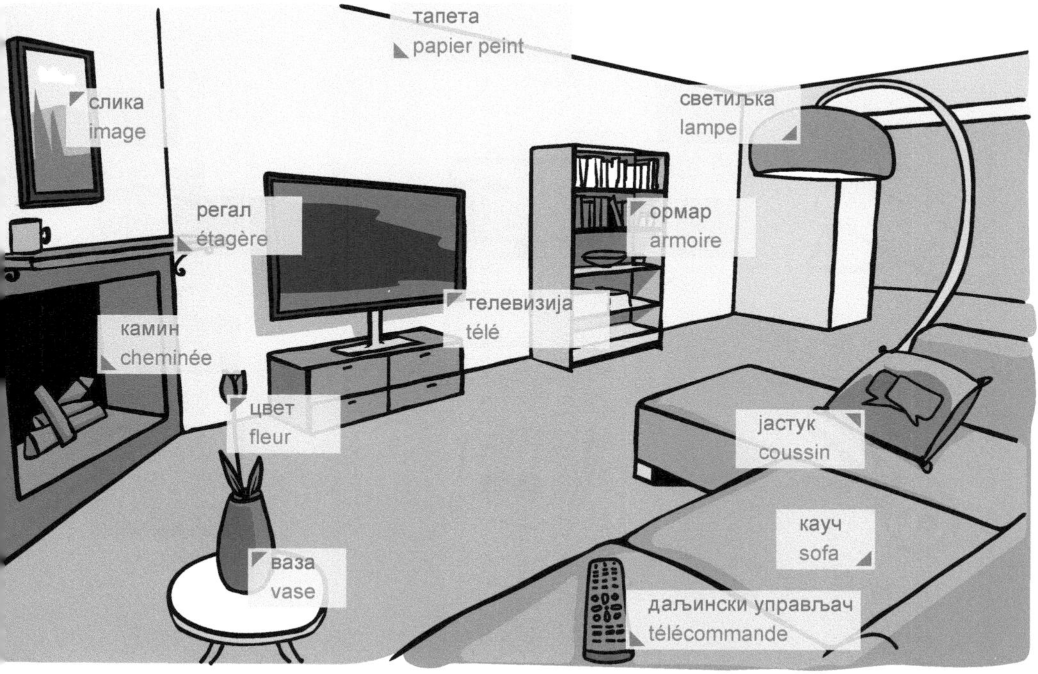

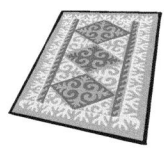

тепих

tapis

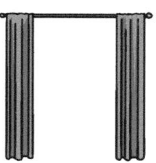

завеса

rideau

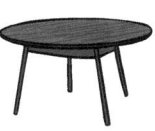

сто

table

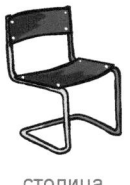

столица

chaise

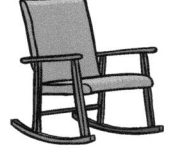

столица за њихање

chaise à bascule

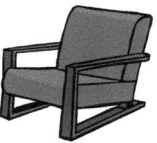

фотеља

fauteuil

књига

livre

дека

couverture

декорација

décoration

дрво за огрев

bois de chauffage

филм

film

хи-фи уређај

chaîne hi-fi

кључ

clé

новине

journal

слика на платну

peinture

постер

poster

радио

radio

блок за писање

bloc-notes

усисивач

aspirateur

кактус

cactus

свећа

bougie

кухиња
cuisine

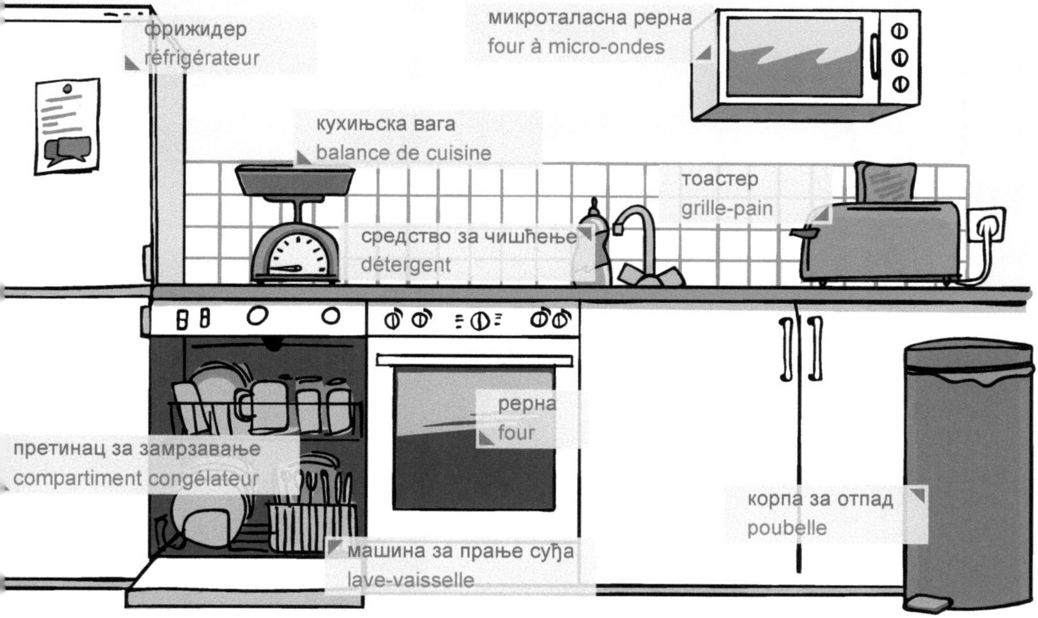
фрижидер
réfrigérateur
микроталасна рерна
four à micro-ondes
кухињска вага
balance de cuisine
тоастер
grille-pain
средство за чишћење
détergent
рерна
four
претинац за замрзавање
compartiment congélateur
корпа за отпад
poubelle
машина за прање суђа
lave-vaisselle

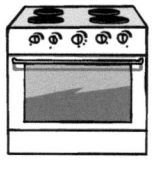

шпорет
four

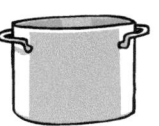

лонац
casserole

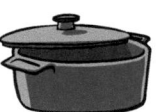

гвоздени лонац
marmite

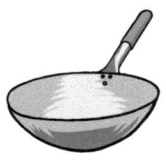

вок / кадаи
wok / kadai

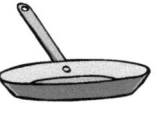

тава
poêle

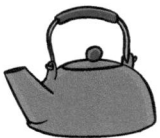

кувало за воду
bouilloire electrique

кувало на пару

cuiseur vapeur

лим за печење

plaque de cuisson

посуђе

vaisselle

чаша

gobelet

посуда

coupe

штапићи за јело

baguettes

кутлача

louche

лопатица

spatule

пењача

fouet

сито за кување

passoire

сито

tamis

рибеж

râpe

мужар

mortier

роштиљ

barbecue

огњиште

cheminée

кухиња - cuisine

даска

planche à découper

оклагија

rouleau à pâtisserie

вадичеп

tire-bouchon

конзерва

boîte

отварач конзерви

ouvre-boîte

крпа за лонац

maniques

судопер

lavabo

четка

brosse

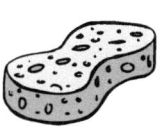

сунђер

éponge

миксер

mixeur

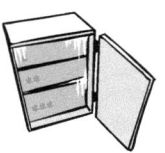

замрзивач

congélateur

флашица за бебе

biberon

славина за воду

robinet

купаоница

salle de bain

грејање
chauffage
пешкир
serviette
туш
douche
завеса за туш
rideau de douche
пенушава купка
bain moussant
када
baignoire
чаша
verre
машина за прање веша
machine à laver
славина за воду
robinet
плочице
carrelage
тута
pot
судопер
lavabo

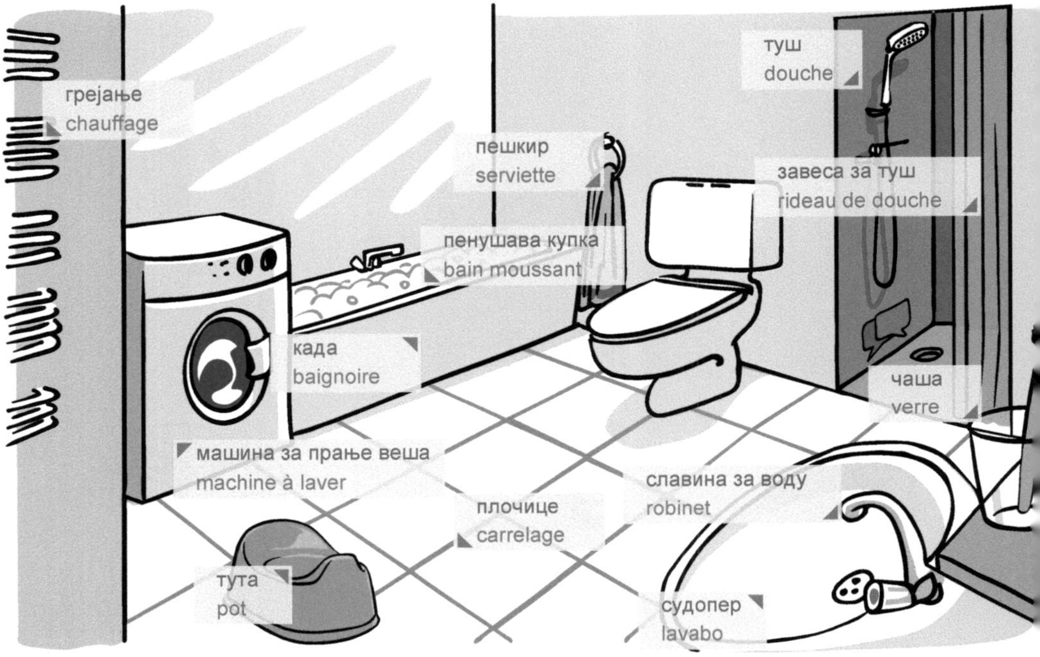

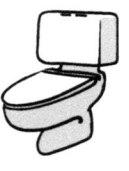

тоалет

toilettes

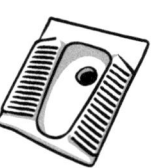

чучавац

toilette à la turque

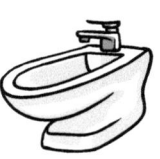

бидет

bidet

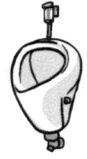

писоар

urinoir

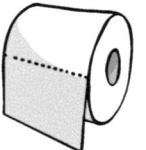

тоалетни папир

papier toilette

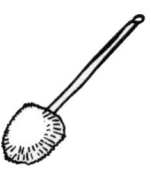

четка за тоалет

brosse à toilette

четкица за зубе

brosse à dents

паста за зубе

dentifrice

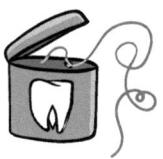

конац за зубе

fil dentaire

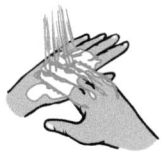

прати

laver

туш ручица

douche manuelle

туш за прање интимних делова

douche intime

лавор

vasque

четка за прање леђа

brosse dorsale

сапун

savon

гел за туширање

gel douche

шампон

shampooing

крпа за прање

gant de toilette

одвод

écoulement

крема

crème

дезодоранс

déodorant

огледало

miroir

козметичко огледало

miroir cosmétique

бријач

rasoir

пена за бријање

mousse à raser

лосион за после бријања

après-rasage

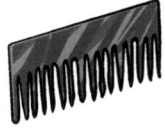

чешаљ

peigne

четка

brosse

фен за косу

sèche-cheveux

спреј за косу

laque pour cheveux

шминка

fond de teint

руж за усне

rouge à lèvres

лак за нокте

vernis à ongles

вата

ouate

маказе за нокте

coupe-ongles

парфем

parfum

козметичка торбица

trousse de toilette

столица

tabouret

вага

pèse-personne

огртач

peignoir

рукавице за чишћење

gants de nettoyage

тампон

tampon

уложак

serviettes hygiéniques

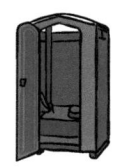

хемијски тоалет

toilette chimique

дечија соба
chambre d'enfant

будилник
réveil
плишана играчка
doudou
ауто играчка
voiture jouet
звечка
hochet
кућица за лутке
maison de poupée
поклон
cadeau

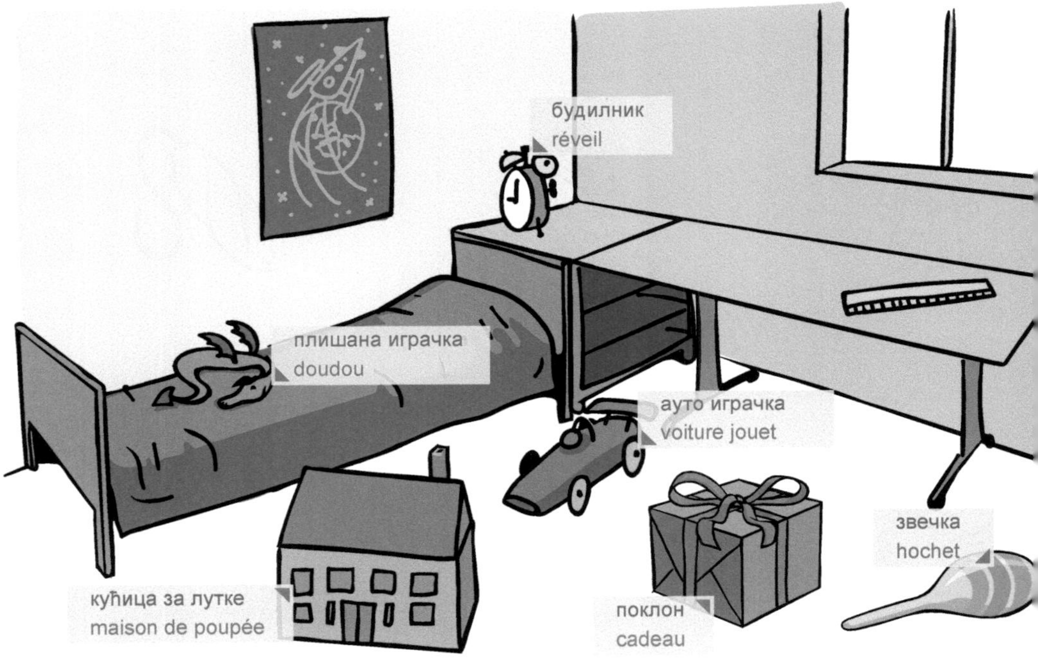

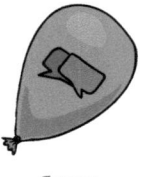

балон

ballon

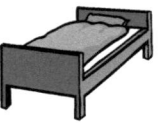

кревет

lit

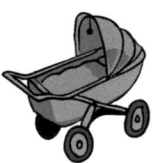

дјечија колица

poussette

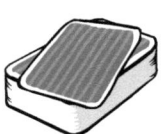

игра са картама

jeu de cartes

слагалица

puzzle

SUPER
MEGA

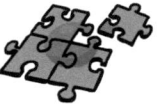

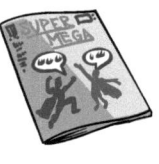

стрип

bande dessinée

лего коцкице

pièces lego

коцкице за слагање

blocs de construction

акциони јунак

figurine

бенкица за бебе

grenouillère

фризби

frisbee

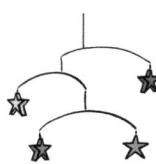

висеће играчке

mobile

друштвене игре

jeu de société

коцка

dé

минијатурна жељезница

train miniature

дуда

sucette

забава

fête

сликовница

livre d'images

лопта

balle

лутка

poupée

играти

jouer

пешчаник

bac à sable

љуљачка

balançoire

играчка

jouets

конзола за игре

console de jeu

трицикл

tricycle

теди

ours en peluche

ормар

armoire

одећа

vêtements

кратке чарапе

chaussettes

чарапе

bas

хулахопке

collant

шал
écharpe

каиш
ceinture

кишобран
parapluie

мајица
t-shirt

чизме
bottes

папуче
pantoufles

патике
baskets

сандале
sandales

ципеле
chaussures

гумене чизме
bottes de caoutchouc

гаћице
sous-vêtements

грудњак
soutien-gorge

поткошуља
maillot de corps

боди

body

панталоне

pantalon

фармерке

jean

сукња

jupe

блуза

chemisier

кошуља

chemise

џемпер

pull

џемпер с капуљачом

sweat à capuche

сако

veste

јакна

veste

мантил

manteau

кабаница

imperméable

костим

costume

хаљина

robe

венчаница

robe de mariée

одело
costume

спаваћица
chemise de nuit

пиџама
pyjama

сари
sari

марама за главу
foulard

турбан
turban

бурка
burqa

кафтан
caftan

абаја
abaya

купаћи костим
maillot de bain

купаће гаћице
maillot de bain

кратке панталоне
short

одећа за тренинг
tenue d'entraînement

кецеља
tablier

рукавице
gants

дугме

bouton

наочаре

lunettes

наруквица

bracelet

огрлица

collier

прстен

bague

наушница

boucle d'oreille

капа

bonnet

вешалица

cintre

шешир

chapeau

кравата

cravate

патент затварач

fermeture éclair

кацига

casque

нараменице

bretelles

школска униформа

uniforme scolaire

униформа

uniforme

подбрадак

bavoir

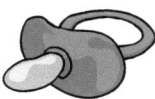

дуда

sucette

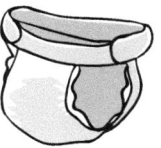

пелена

lange

канцеларија
bureau

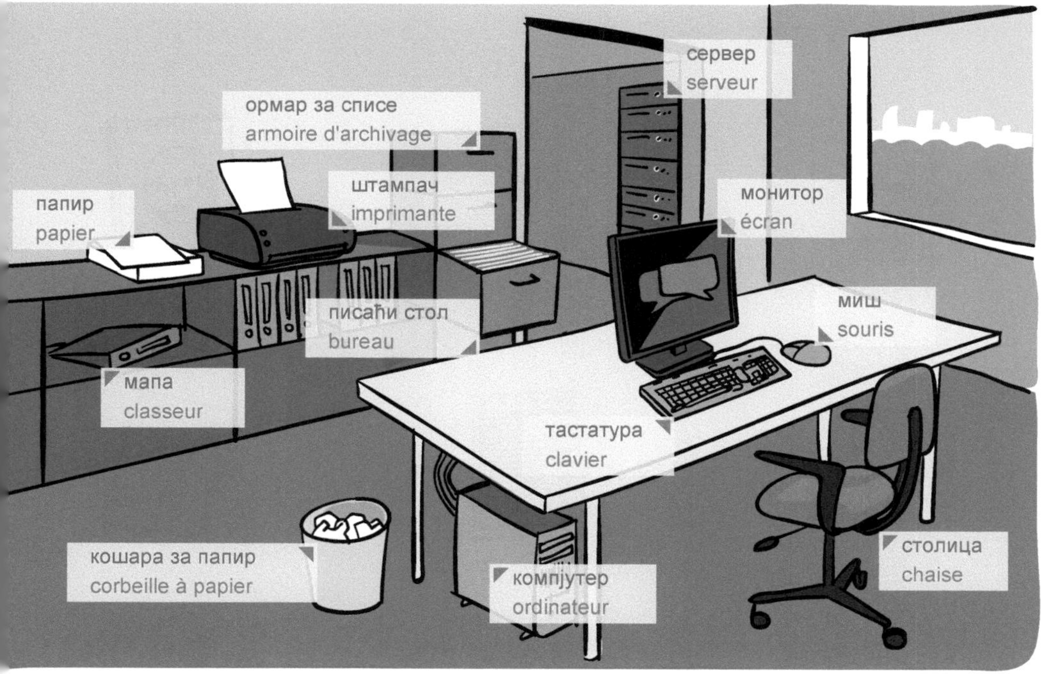

сервер
serveur

ормар за списе
armoire d'archivage

штампач
imprimante

монитор
écran

папир
papier

писаћи стол
bureau

миш
souris

мапа
classeur

тастатура
clavier

кошара за папир
corbeille à papier

столица
chaise

компјутер
ordinateur

шалица за каву

tasse de café

калкулатор

calculatrice

интернет

internet

лаптоп

ordinateur portable

писмо

lettre

порука

message

мобилни телефон

portable

мрежа

réseau

уређај за копирање

photocopieuse

софтвер

logiciel

телефон

téléphone

утичница

prise

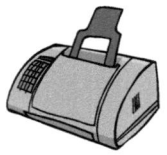

факс

fax

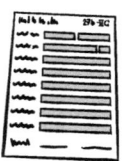

формулар

formulaire

документ

document

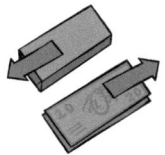

куповати

acheter

платити

payer

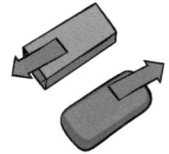

трговати

faire du commerce

новац

monnaie

долар

dollar

евро

euro

јен

yen

рубља

rouble

швајцарски франак

franc suisse

ренминдби јуан

renminbi yuan

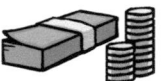

рупија

roupie

аутомат за новац

distributeur automatique

мењачница

bureau de change

злато

or

сребро

argent

нафта

pétrole

енергија

énergie

цена

prix

уговор

contrat

порез

taxe

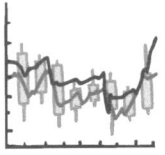

деонице

action

радити

travailler

службеник

employé

послодавац

employeur

фабрика

usine

продавница

magasin

занимања
professions

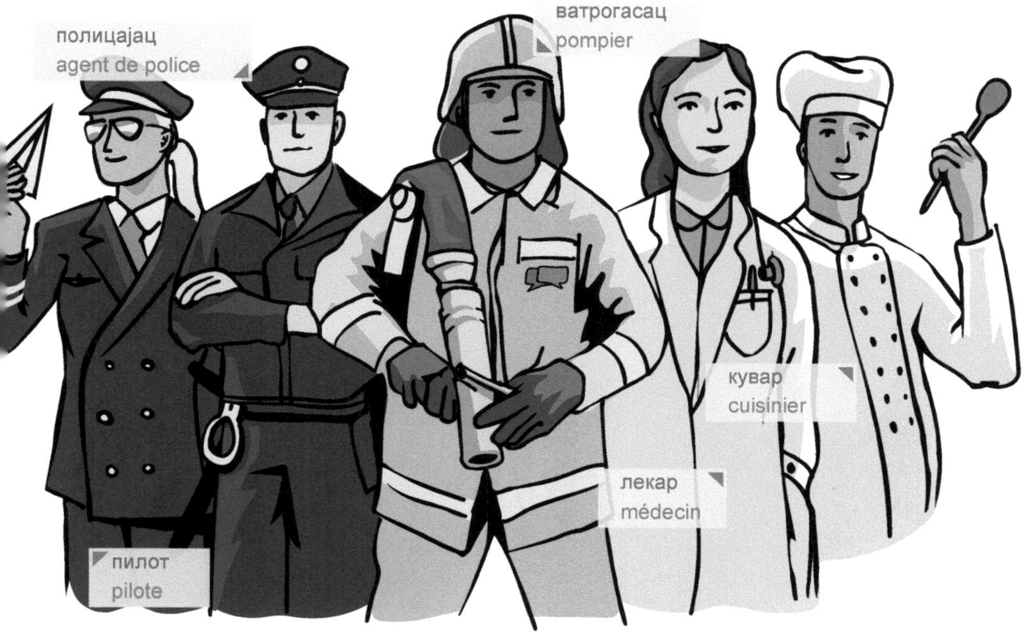
полицајац
agent de police
ватрогасац
pompier
кувар
cuisinier
лекар
médecin
пилот
pilote

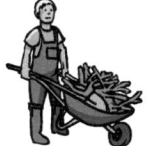

вртлар

jardinier

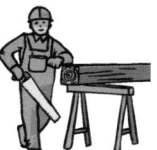

столар

menuisier

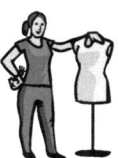

којачица

couturière

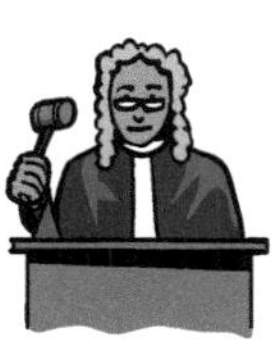

судија

juge

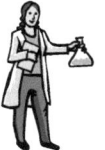

хемичар

chimiste

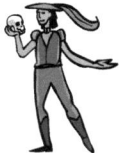

глумац

acteur

возач аутобуса

conducteur de bus

возач таксија

chauffeur de taxi

рибар

pêcheur

чистачица

femme de ménage

кровопокривач

couvreur

конобар

serveur

ловац

chasseur

сликар

peintre

пекар

boulanger

електричар

électricien

грађевински радник

ouvrier

инжењер

ingénieur

месар

boucher

лимар

plombier

поштар

facteur

војник

soldat

архитекта

architecte

благајник

caissier

цвећар

fleuriste

фризер

coiffeur

кондуктер

contrôleur

механичар

mécanicien

капетан

capitaine

зубар

dentiste

научник

scientifique

раби

rabbin

имам

imam

монах

moine

свећеник

prêtre

алати
outils

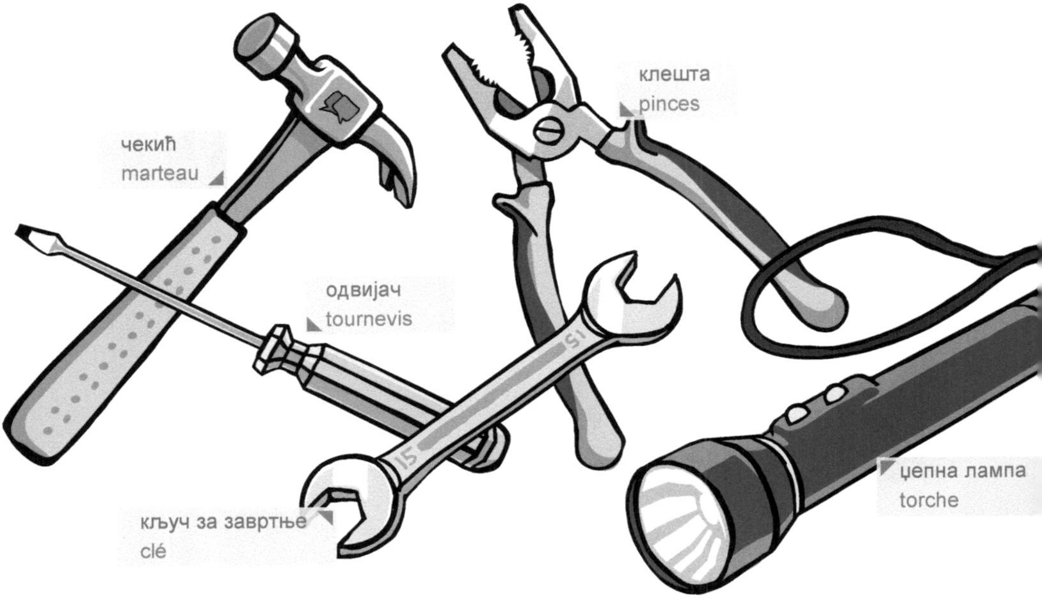
клешта
pinces
чекић
marteau
одвијач
tournevis
цепна лампа
torche
кључ за завртње
clé

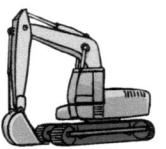

багер

pelleteuse

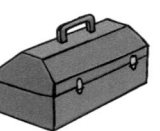

кутија за алат

boîte à outils

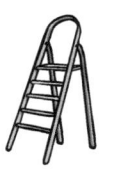

мердевине

échelle

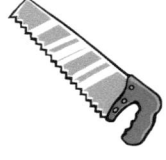

пила

scie

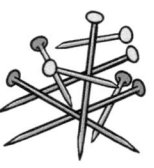

ексер

clous

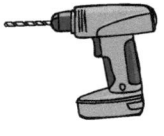

бушилица

perceuse

поправити

réparer

лопата

pelle

до ђавола!

Mince !

лопатица

pelle

лонац за боју

pot de peinture

завртањи

vis

музички инструмент

instruments de musique

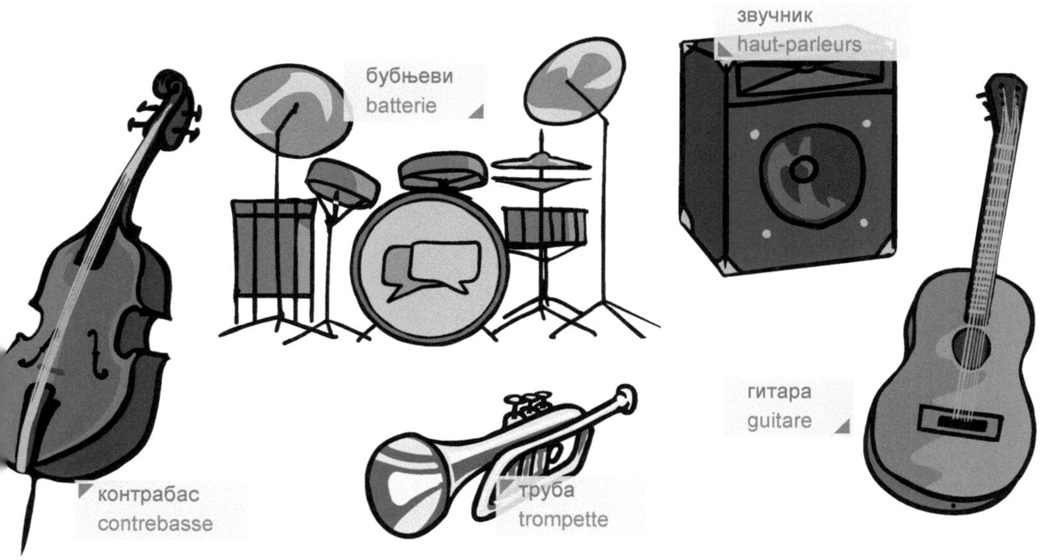

звучник
haut-parleurs

бубњеви
batterie

гитара
guitare

контрабас
contrebasse

труба
trompette

клавир

piano

виолина

violon

бас

basse

тимпани

timbales

ударљке за бубњеве

tambour

типке клавира

piano électrique

саксофон

saxophone

флаута

flûte

микрофон

microphone

зоолошки врт

zoo

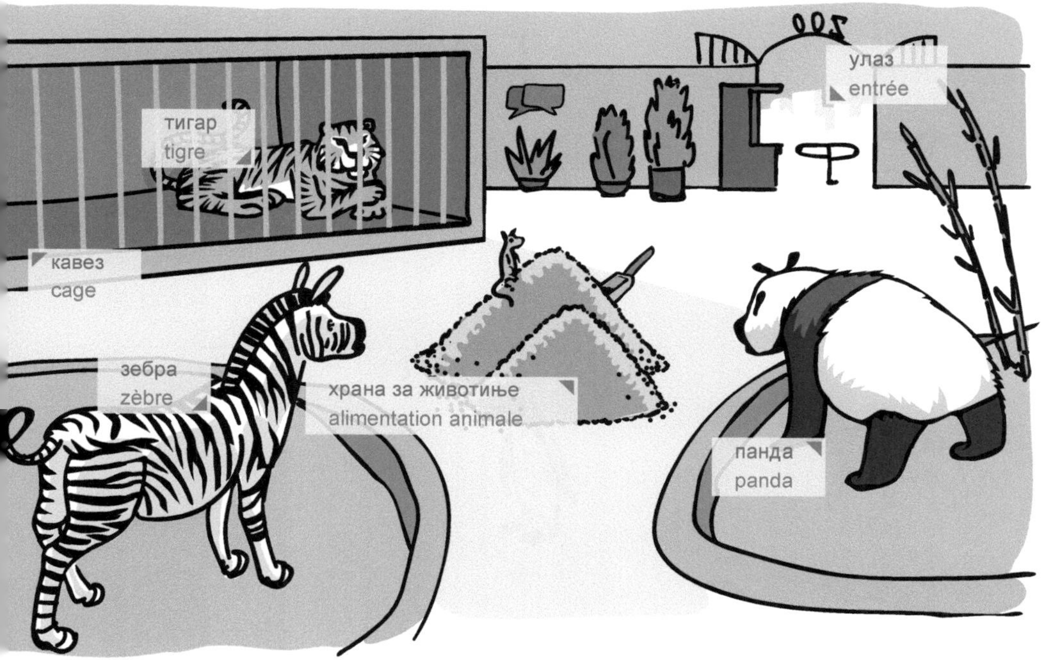

zoo
улаз
entrée
тигар
tigre
кавез
cage
зебра
zèbre
храна за животиње
alimentation animale
панда
panda

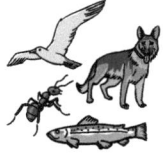

животиње

animaux

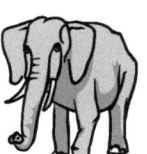

слон

éléphant

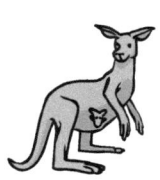

кенгур

kangourou

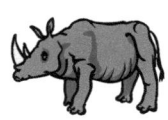

носорог

rhinocéros

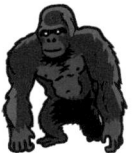

горила

gorille

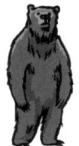

медвед

ours

камила

chameau

нoj

autruche

лав

lion

мajмун

singe

фламинго

flamand rose

папагаj

perroquet

поларни медвед

ours polaire

пингвин

pingouin

аjкула

requin

паун

paon

змиja

serpent

крокодил

crocodile

чувар у зоолошком врту

gardien de zoo

туљан

phoque

jaгуар

jaguar

пони

poney

леопард

léopard

нилски коњ

hippopotame

жирафа

girafe

орао

aigle

дивља свиња

sanglier

риба

poisson

корњача

tortue

морж

morse

лисица

renard

газела

gazelle

американски ногомет
american Football

бициклизам
cyclisme

тенис
tennis

кошарка
basket-ball

пливање
natation

бокс
boxe

хокеј на леду
hockey sur glace

фудбал
football

бадминтон
badminton

атлетика
athlétisme

ракомет
handball

скијање
ski

поло
polo

активности
activités

скочити
sauter
загрлити
embrasser
смејати се
rire
ићи
marcher
певати
chanter
сањати
rêver
молити се
prier
пољубити
faire la bise

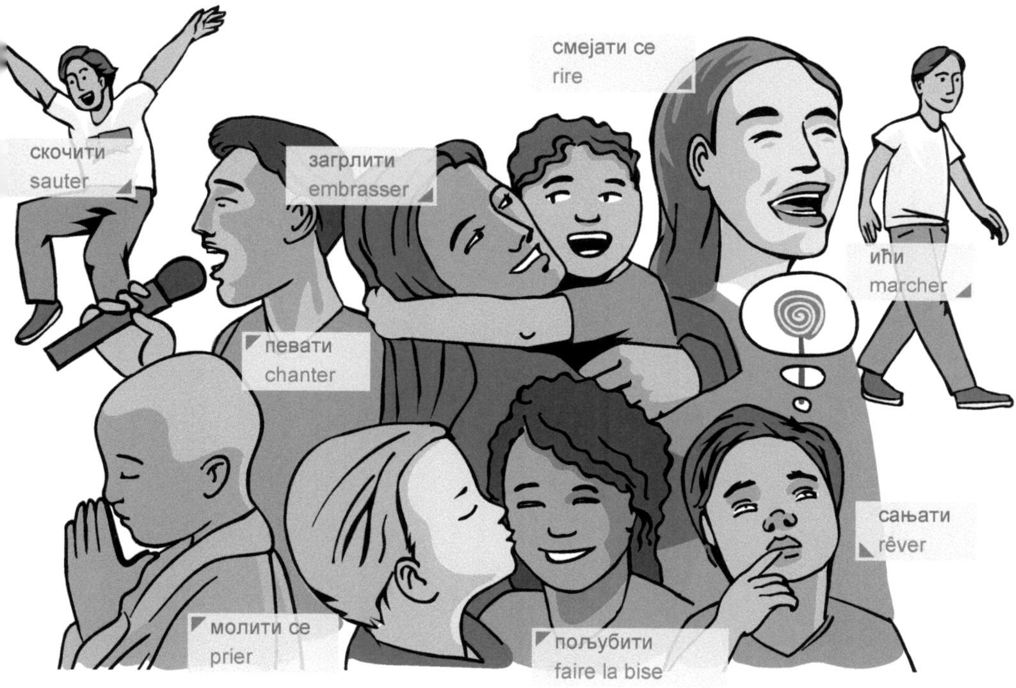

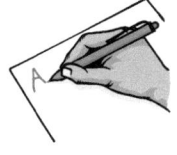

писати

écrire

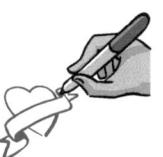

цртати

dessiner

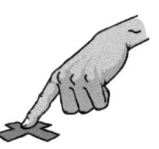

показати

montrer

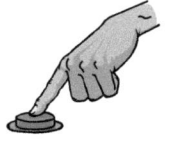

гурати

pousser

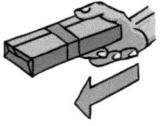

дати

donner

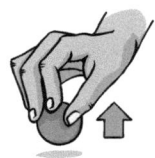

узети

prendre

имати

avoir

чинити

faire

бити

être

стојати

être debout

трчати

courir

повлачити

trier

бацити

jeter

падати

tomber

лежати

être couché

чекати

attendre

носити

porter

седити

être assis

облачити

s'habiller

спавати

dormir

пробудити се

se réveiller

гледати

regarder

плакати

pleurer

миловати

caresser

чешљати

peigner

говорити

parler

разумети

comprendre

питати

demander

слушати

écouter

пити

boire

јести

manger

поспремити

ranger

волети

aimer

кухати

cuire

возити

conduire

летети

voler

пловити

faire de la voile

рачунати

calculer

читати

lire

учити

apprendre

радити

travailler

венчати се

se marier

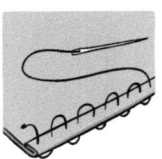

шити

coudre

прати зубе

brosser les dents

убити

tuer

пушити

fumer

послати

envoyer

породица

famille

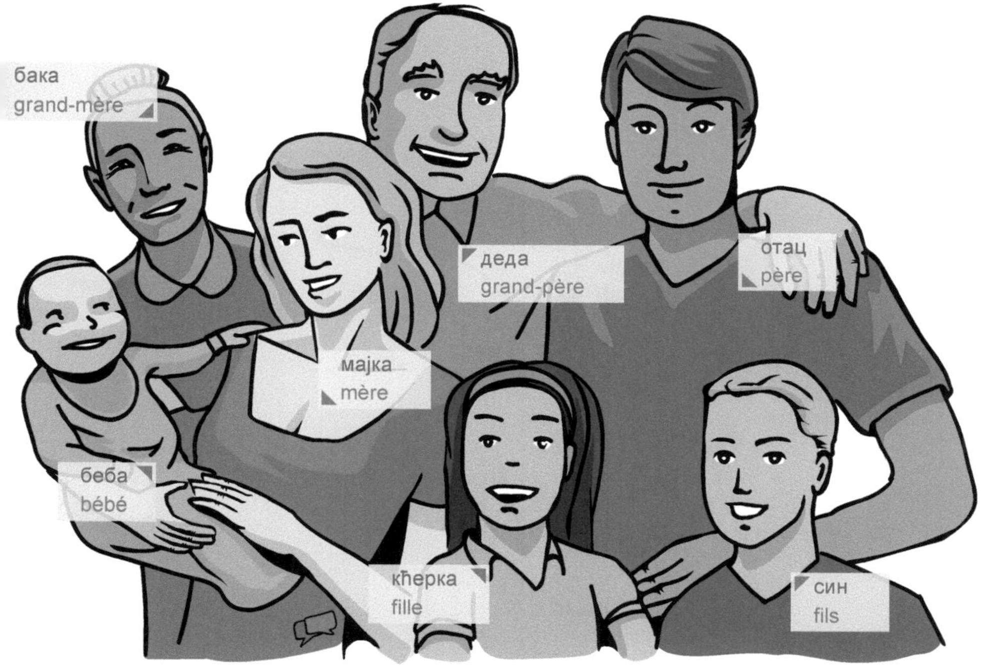

бака
grand-mère
деда
grand-père
отац
père
мајка
mère
беба
bébé
кћерка
fille
син
fils

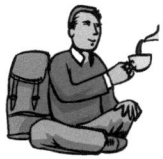

гост

hôte

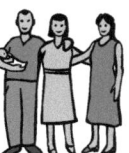

тетка

tante

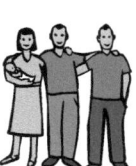

ујак, стриц

oncle

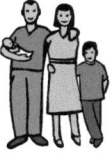

брат

frère

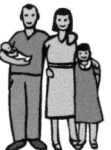

сестра

sœur

тело

corps

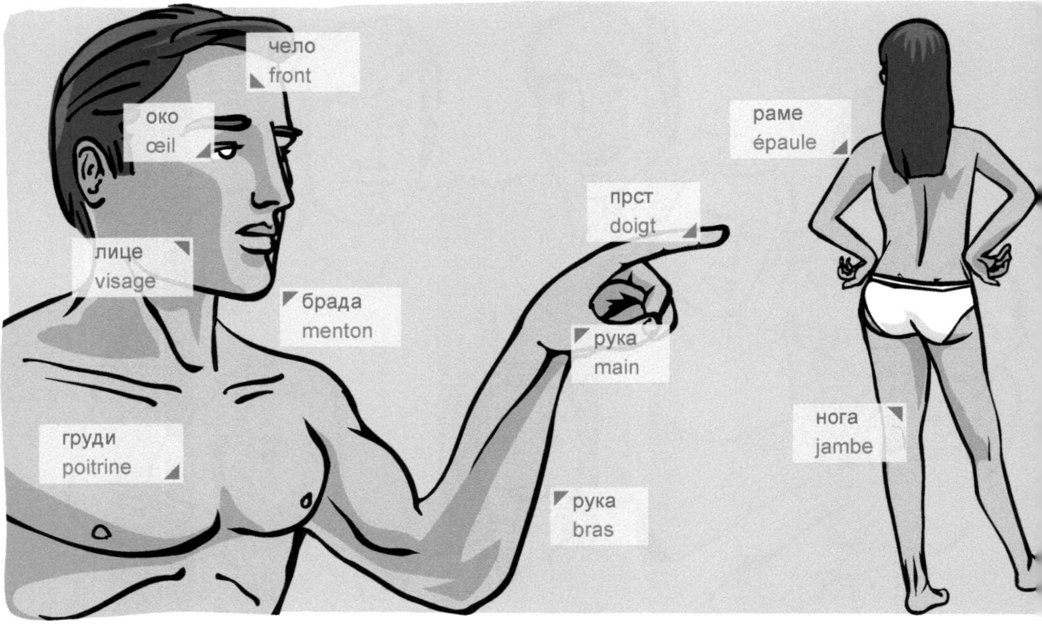

чело
front

око
œil

лице
visage

брада
menton

груди
poitrine

раме
épaule

прст
doigt

рука
main

нога
jambe

рука
bras

беба

bébé

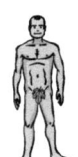

мушкарац

homme

жена

femme

девојчица

fille

дечак

garçon

глава

tête

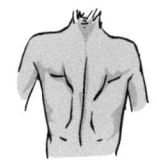

леђа

dos

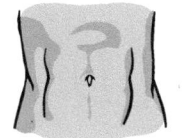

стомак

ventre

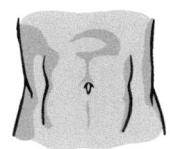

пупак

nombril

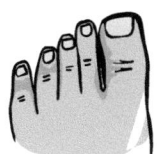

ножни прст

orteil

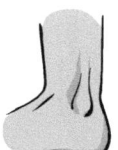

пета

talon

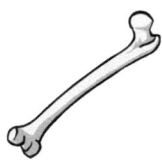

кост

os

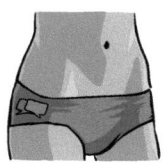

кукови

hanche

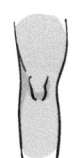

колено

genou

лакат

coude

нос

nez

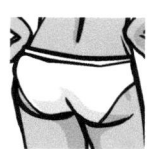

задњица

fesses

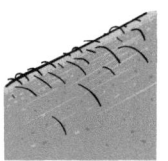

кожа

peau

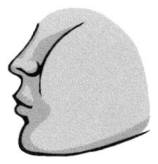

образ

joue

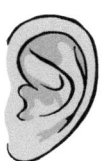

уво

oreille

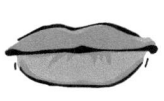

усна

lèvre

тело - corps

уста

bouche

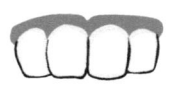

зуб

dent

језик

langue

мозак

cerveau

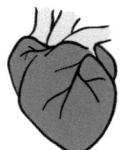

срце

cœur

мишић

muscle

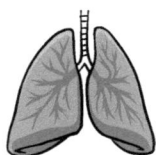

плућа

poumons

јетра

foie

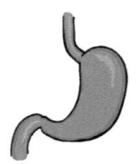

желудац

estomac

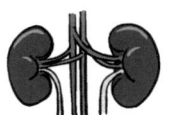

бубрези

reins

полни однос

rapport sexuel

кондом

préservatif

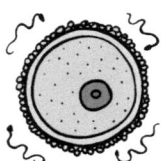

јајна ћелија

ovule

сперма

sperme

трудноћа

grossesse

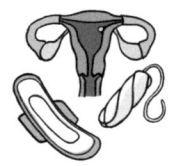

менструација

menstruation

вагина

vagin

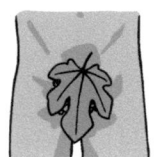

пенис

pénis

обрва

sourcil

коса

cheveux

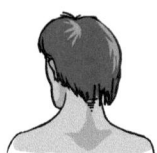

врат

cou

болница
hôpital

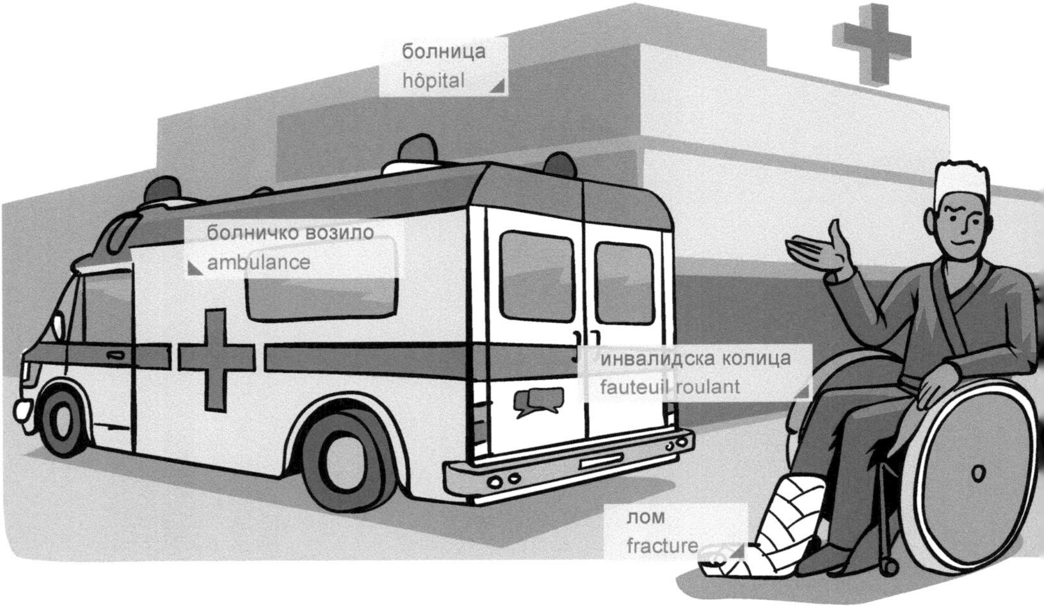

болница
hôpital
болничко возило
ambulance
инвалидска колица
fauteuil roulant
лом
fracture

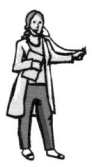

лекар

médecin

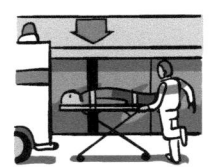

хитна медицинска служба

service des urgences

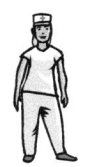

медицинска сестра

infirmière

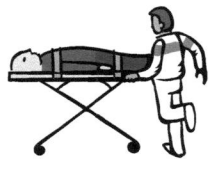

хитни случај

urgence

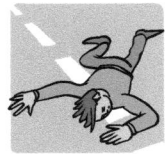

несвест

inconscient

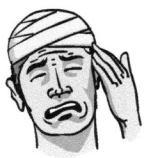

бол

douleur

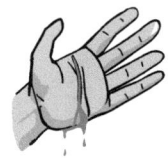

повреда

blessure

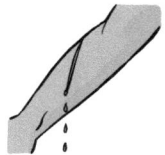

крварење

hémorragie

срчани удар

crise cardiaque

удар

attaque cérébrale

алергија

allergie

кашаљ

toux

грозница

fièvre

грипа

grippe

пролив

diarrhée

главобоља

mal de tête

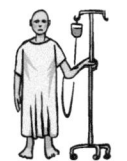

рак

cancer

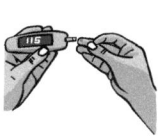

дијабетес

diabète

хирург

chirurgien

скалпел

scalpel

операција

opération

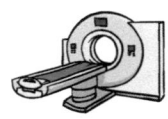

цт
CT

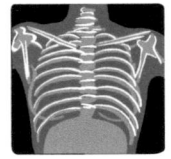

рентген
radiographie

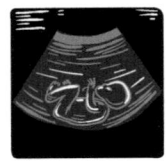

ултразвук
échographie

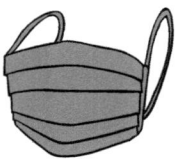

маска
masque

болест
maladie

чекаона
salle d'attente

штака
béquille

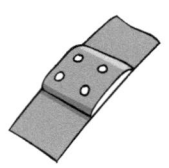

фластер
pansement

завој
pansement

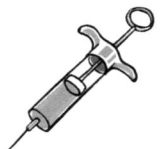

ињекција
injection

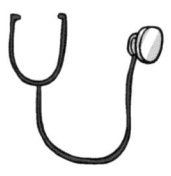

стетоскоп
stéthoscope

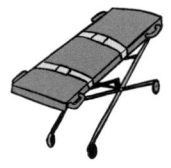

носила
brancard

термометар
thermomètre

рођење
accouchement

прекомерна тежина
surcharge pondérale

слушни апарат

appareil auditif

средство за дезинфекцију

désinfectant

инфекција

infection

вирус

virus

хив / аидс

VIH / sida

медицина

médicament

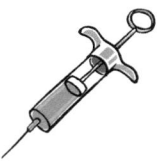

вакцинација

vaccination

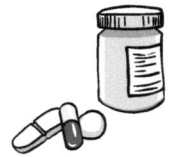

таблете

comprimés

пилула

pilule

хитни позив

appel d'urgence

уређај за мерење притиска

tensiomètre

болесно / здраво

malade / sain

помоћ!

Au secours !

аларм

alarme

насртај

assaut

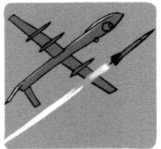

напад

attaque

опасност

danger

излаз у случају нужде

sortie de secours

пожар!

Au feu!

противпожарни апарат

extincteur

незгода

accident

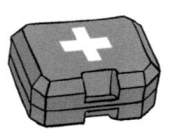

кутија прве помоћи

trousse de premier secours

сос

SOS

полиција

police

Европа
....
Europe

Северна Америка
....
Amérique du Nord

Јужна Америка
....
Amérique du Sud

Африка
....
Afrique

Азија
....
Asie

Аустралија
....
Australie

Атлантик
....
Océan atlantique

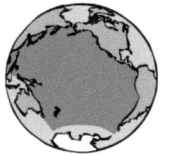

Пацифик
....
Océan pacifique

Индијски океан
....
Océan indien

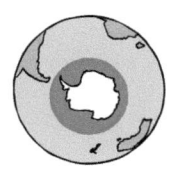

Антарктички океан
....
Océan antarctique

Арктички океан
....
Océan arctique

Северни рол
....
pôle nord

Јужни рол
....
pôle sud

Антарктик
....
Antarctique

земља
....
terre

земља
....
pays

море
....
mer

оток
....
île

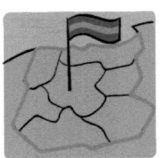

нација
....
nation

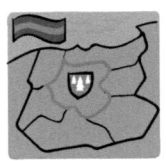

држава
....
état

78   земља - terre

бројчаник сата

cadran

сатна казаљка

aiguille des heures

минутна казаљка

aiguille des minutes

секундна казаљка

aiguille des secondes

Колико је сати?

Quelle heure est-il ?

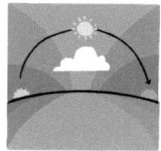

дан

jour

време

temps

сада

maintenant

дигитални сат

montre digitale

минута

minute

час

heure

понедељак — lundi
среда — mercredi
петак — vendredi
уторак — mardi
субота — samedi
четвртак — jeudi
недеља — dimanche

јуче — hier

данас — aujourd'hui

сутра — demain

јутро — matin

подне — midi

вече — soir

радни дани — jours ouvrables

викенд — week-end

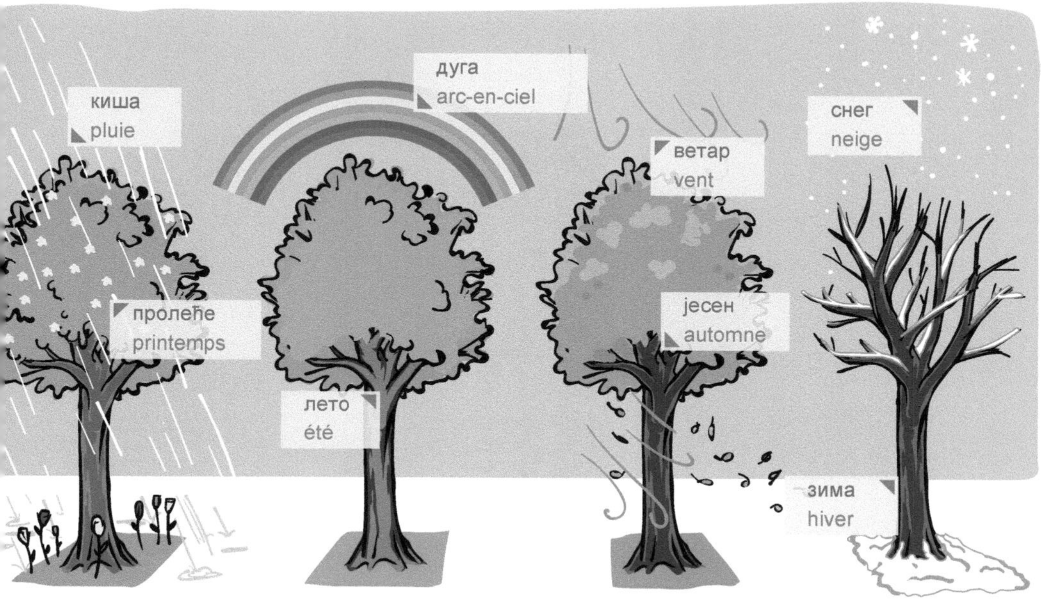

киша
pluie
дуга
arc-en-ciel
снег
neige
ветар
vent
пролеће
printemps
јесен
automne
лето
été
зима
hiver

4.APRIL 11°
5.APRIL 4°
6.APRIL 13°
7.APRIL 8°
8.APRIL 10°

етеоролошка прогноза

météo

F C
120 90 60 30 0 -30
40 30 20 10 0 -10 -20

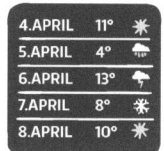

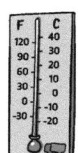

термометар

thermomètre

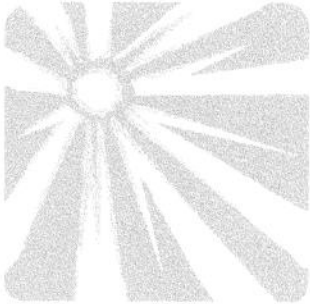

сунчана светлост

lumière du soleil

облак

nuage

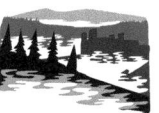

магла

brouillard

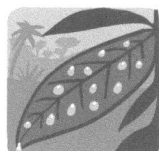

влажност ваздуха

humidité

муња

foudre

грмљавина

tonnerre

олуја

tempête

туча

grêle

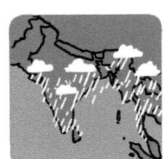

монсун

mousson

поплава

inondation

лед

glace

јануар

janvier

фебруар

février

март

mars

април

avril

мај

mai

јуни

juin

јули

juillet

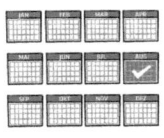

август

août

година - année

септембар

septembre

октобар

octobre

новембар

novembre

децембар

décembre

круг

cercle

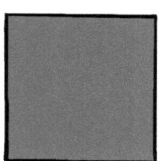

квадрат

carré

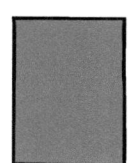

правоугао

rectangle

троугао

triangle

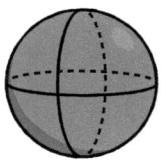

кугла

sphère

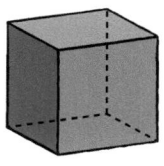

коцка

cube

бела

blanc

жута

jaune

наранџаста

orange

ружичаста

rose

црвена

rouge

љубичаста

violet

плава

bleu

зелена

vert

смеђа

marron

сива

gris

црна

noir

много / мало

beaucoup / peu

љутито / мирно

fâché / calme

лепо / ружно

joli / laid

почетак / крај

début / fin

велико / малено

grand / petit

светло / тамно

clair / obscure

брат / сестра

frère / soeur

чисто / прљаво

propre / sale

потпуно / непотпуно

complet / incomplet

дан / ноћ

jour / nuit

мртво / живо

mort / vivant

широко / уско

large / étroit

јестиво / нејестиво

comestible / incomestible

зло / добро

méchant / gentil

узбуђено / досадно

excité / ennuyé

дебело / мршаво

gros / mince

на почетку / на крају

premier / dernier

пријатељ / непријатељ

ami / ennemi

пуно / празно

plein / vide

тврдо / мекано

dur / souple

тешко / лагано

lourd / léger

глад / жеђ

faim / soif

болесно / здраво

malade / sain

илегално / легално

illégal / légal

паметно / глупо

intelligent / stupide

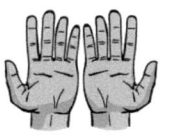

лево / десно

gauche / droite

близу / далеко

proche / loin

ново / половно

nouveau / usé

ништа / нешто

rien / quelque chose

старо / младо

vieux / jeune

укључено / искључено

marche / arrêt

отворено / затворено

ouvert / fermé

тихо / гласно

faible / fort

богато / сиромашно

riche / pauvre

тачно / погрешно

correct / incorrect

храпаво / глатко

rugueux / lisse

тужно / сретно

triste / heureux

кратко / дуго

court / long

полако / брзо

lent / rapide

мокро / сухо

mouillé / sec

топло / хладно

chaud / froid

рат / мир

guerre / paix

0

нула

zéro

1

један

un / une

2

два

deux

3

три

trois

4

четири

quatre

5

пет

cinq

6

шест

six

7

седам

sept

8

осам

huit

9

девет

neuf

10

десет

dix

11

једанаест

onze

12

дванаест
....
douze

13

тринаест
....
treize

14

четрнаест
....
quatorze

15

петнаест
....
quinze

16

шестнаест
....
seize

17

седамнаест
....
dix-sept

18

осамнаест
....
dix-huit

19

деветнаест
....
dix-neuf

20

двадесет
....
vingt

100

стотину
....
cent

1.000

хиљаду
....
mille

1.000.000

милион
....
million

језици
langues

енглески

anglais

амерички енглески

anglais américain

мандарински кинески

chinois mandarin

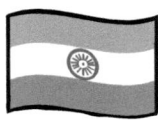

хиндски

hindi

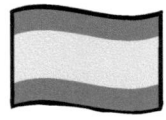

шпански

espagnol

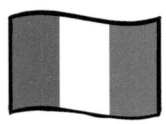

француски

français

арапски

arabe

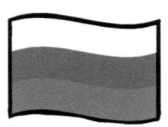

руски

russe

португалски

portugais

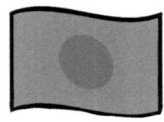

бенгалски

bengali

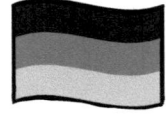

немачки

allemand

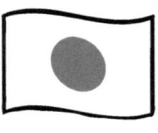

јапански

japonais

ja
je

ти
tu

он / она / оно
il / elle / ce, c', cela

ми
nous

ви
vous

они
ils / elles

Ко?
Qui ?

Шта?
Quoi ?

Како?
Comment ?

Где?
Où ?

Када?
Quand ?

име
nom

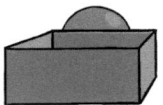

иза

derrière

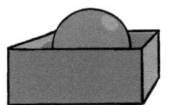

у

dans

испред

devant

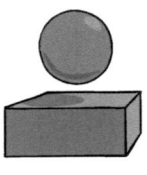

преко

au-dessus

на

sur

испод

en-dessous

поред

à côté de

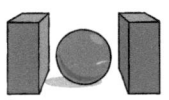

између

entre

место

lieu